LES NAINS DU ROI

ou

LES MYSTIFICATIONS

VAUDEVILLE EN UN ACTE,

Par MM. CARMOUCHE et CLAIRVILLE,

Représenté pour la première fois, à Paris, sur le théâtre des VARIÉTÉS,
le 15 Juin 1850.

PERSONNAGES.	ACTEURS.
POINSINET..	MM. KOPP.
LE MARQUIS..	DANTERNY.
LE BARON..	MUTÉE.
CIDALISE, vicomtesse de la Taupinière.....................	Mlle BOISGONTHIER.
LE PRINCE D'HÉNAIN......................................	Le prince Colibri.
LA PRINCESSE AURORA BORÉA.............................	La princesse Colibri.
UN DOMESTIQUE parlant...................................	M. ERNEST.
Valets, Gens de qualité, Villageois, deux envoyés du Groënland.	
Trois femmes de la princesse..............................	

La scène à Gentilly, dans la petite maison du marquis, en 176...

NOTA.—Les indications de droite et de gauche sont prises du spectateur.

Une grande salle riche servant de chambre à coucher; au fond, au milieu, une alcôve fermée par des rideaux. Au fond, à gauche, une porte; au troisième plan, à droite et à gauche, deux autres portes; au fond, à droite, une table recouverte d'un tapis; de chaque côté de l'alcôve, une petite console; à droite et à gauche, au premier plan, deux grandes consoles; sur celle de droite une corbeille de fleurs, sur celle de gauche, une potiche. Fauteuils, chaises.

SCÈNE PREMIÈRE.

LE BARON, LE MARQUIS, *assis.*

LE MARQUIS[*]. Comment! la belle Cidalise... cette folle si évaporée, si romanesque, vous en seriez amoureux?

LE BARON. Je ne t'ai pas dit que j'en fusse amoureux... j'ai dit que je mourais d'envie de l'épouser à cause du grand procès que j'ai avec elle, et qui peut me ruiner!

LE MARQUIS, *se levant.* Si au lieu d'une femme, vous me parlez de sacs d'argent!..

LE BARON, *de même.* Et certes, oui!.. par malheur elle s'est entichée d'un poètereau, elle ne veut plus me voir.

LE MARQUIS, *souriant.* Il faudra bien qu'elle vous voie si vous restez ici.

[*] Le bar. le marq.

LE BARON. Pour l'entendre s'extasier sur le génie de ce petit grimaud de Poinsinet?.. non, je m'en vais.

LE MARQUIS. Restez, vous le verrez aussi.

LE BARON. Se peut-il?.. vous allez recevoir ce drôle, cet écrivassier qui vous a joué dans sa comédie du *Cercle, ou la Soirée à la mode...* car, le colonel qui brode au tambour, c'est vous, mon neveu, toute la cour vous a reconnu... moi aussi.. et j'en ai ri aux larmes!..

LE MARQUIS. Parbleu! je me suis bien reconnu moi-même; mais j'en ai moins ri que vous!.. d'abord je voulais le faire bâtonner par mes gens...

LE BARON. C'est assez grand seigneur, mon cher.... et avec votre noblesse vous le pouviez.

LE MARQUIS. Ça n'aurait amusé que mes laquais!.. non, c'est par l'esprit qu'on m'a attaqué..

CIDALISE, *piquée*. S'il m'aime... Ah! marquis, voilà une question... qui fait tort à vos connaissances!.. Pauvre garçon, s'il m'aime!.. tenez, il y a quelque temps, à Versailles, nous devisions d'amour... je l'accablais de mes froideurs... Ah! cruelle, dit-il, cessez de m'aimer, et je me précipite aussitôt dans la pièce d'eau des Suisses... et je répartis tendrement : Vous voulez donc me changer en *Léda*. — Oh! oui, dit-il, si vous me faites *cygne !*

LE MARQUIS. Allons... je vois que c'est une passion éternelle, et je n'ai plus à vous parler d'une illustre alliance qui pouvait s'offrir avec un prince qui vous a vue...

CIDALISE. Un prince m'a vue... oh! oh!.. (*Elle passe à gauche.*) Est-ce un grand nom ?

LE MARQUIS *. Oh! certes... vous connaissez le prince d'Hénain! cet homme si spirituel !..

CIDALISE. Ce seigneur si élégant de la cour de Louis XV, le prince d'Hénain, l'amant de la célèbre Sophie Arnoult?

LE MARQUIS. Oui, oui, justement!.. il est tombé amoureux fou en voyant toutes vos grâces, au pastel... le roi m'avait chargé de négocier cette alliance... et sans votre fatal amour...

CIDALISE. Mais, écoutez donc !

LE MARQUIS. Je ne puis pas chercher à violenter votre cœur.

CIDALISE. Mais, mon Dieu, mon cœur... est-ce que le cœur d'une jeune personne sait ce qu'il dit !

LE MARQUIS. Du moment qu'il est rempli par un Poinsinet!..

CIDALISE. Ah! bah !.. en se serrant un peu !

LE MARQUIS, *riant.* Comme à l'Opéra dans votre loge?..

CIDALISE. Ah! sans une maudite promesse...

LE MARQUIS. De vous?..

CIDALISE. Oui, un jour que ce malheureux voulait se passer son épée au travers du corps... j'eus la faiblesse de m'attendrir... toutes les fois que je m'attendris, je fais des bêtises... je lui ai signé un dédit pour m'obliger à l'épouser ou à lui payer soixante mille livres.

LE MARQUIS, *à part.* Oh! mon pauvre oncle... (*Haut.*) Mais, avec votre fortune...

CIDALISE. On a de la fortune... mais on tient à l'argent!.. et ce dédit... il faudrait pouvoir le lui reprendre..

LE MARQUIS. Ah! il doit y avoir plusieurs moyens.

CIDALISE. Si je le poignardais ?

LE MARQUIS. En effet... c'en est un... le moyen serait assez piquant... (*On entend des clameurs au dehors.*)

CIDALISE. Quel est ce bruit?

* C. le marq.

LE MARQUIS, *remontant à gauche* *. Il m'annonce qu'on vient d'apercevoir Poinsinet au bout du parc.

CIDALISE. Le revoir... en ce moment... je sens que mon cœur va faiblir!..

LE MARQUIS, *vivement.* Voyons, belle dame, acceptez-vous le parti que je vous ai offert?..

CIDALISE. Avec transport !.. je vous donne carte blanche !..

LE MARQUIS, Comptez sur moi... (*Il la reconduit ; elle sort par la droite.*) En voilà une de prise, à merveille !

<hr>

SCÈNE IV.

LE MARQUIS, POINSINET, DOMESTIQUES, PAYSANS.

(*Les domestiques et les paysans entrent les premiers par la gauche. Vient ensuite Poinsinet, que l'on salue.*)

CHŒUR.

Air : *Ronde de la vie de Bohème.* (J. Nargeot.)

Plaçons-nous sur le passage
D'un génie aussi parfait,
Soyons fiers de rendre hommage
Au célèbre Poinsinet!

POINSINET. Merci, mes amis, merci! le célèbre Poinsinet! je vois que vous me connaissez ; marquis, donnez-leur donc pour boire à ma santé... mon domestique a oublié de mettre de l'or dans mes poches. (*Le marquis distribue de l'argent.*)

TOUS. Vive le grand Poinsinet!

CHŒUR. REPRISE.

Plaçons-nous sur le passage, etc.

(*Les paysans et les domestiques sortent par la gauche.*)

<hr>

SCÈNE V.

LE MARQUIS, POINSINET.

LE MARQUIS, *d'un air humble.* ** C'est s'honorer soi-même que de faire valoir le mérite des autres !

POINSINET. Ce brave marquis! (*A part.*) Est-il bête!.. recevoir ainsi un homme qui l'a joué en plein théâtre.

LE MARQUIS. Pouvais-je moins faire pour celui qui fixe l'attention de toute l'Europe... et qui va bientôt être comblé des faveurs d'un puissant souverain.

POINSINET. Sauriez-vous déjà que la reine d'Es-

* Le marq. C.
** Le M. P.
*** Le marq. P.

pagne m'a fait écrire et que si j'allais là-bas?..
Eh! eh!..

LE MARQUIS, *remontant*[*]. Pouh!.. la reine d'Espagne! (*Redescendant avec mystère et impor-
tance.*) Apprenez que le roi du Groënland... le
descendant d'Olaüs et de la célèbre Marguerite
de Valdemar, le magnanime Boukhankhan...

POINSINET. Vous dites... Boukhan...

LE MARQUIS. Khan... le magnanime Boukhankhan a entendu parler de vous et veut vous com-
bler...

POINSINET. Les faveurs de Boukhankhan...
voilà qui fera du bruit!

LE MARQUIS. Il désire vous attirer dans l'Atlantique.

POINSINET. Dans l'Océan glacial? Diable, c'est
un pays...

LE MARQUIS. Un pays superbe, admirable... où
l'on ne voit que des montagnes de glace.

POINSINET. Ah! moi qui les aime tant chez
Procope... je les ferai mettre à la vanille!

LE MARQUIS, *continuant*. Où l'hiver dure neuf
mois et où l'été ne dure pas du tout!

POINSINET. Vraiment?.. alors, il n'y a que trois
saisons par année...

LE MARQUIS. C'est bien plus curieux... il n'y
en a qu'une...

POINSINET. Bah! le printemps, l'été, l'automne?

LE MARQUIS. Un édit royal les a supprimés...
je le sais, par l'ambassadeur qui est venu ici
tout exprès pour vous...

POINSINET. Un ambassadeur?..

LE MARQUIS. Vous allez le voir. (*Il remonte et
va faire un signe à la porte de gauche.— Ri-
tournelle du chœur suivant.*)

POINSINET[**], *à part*. Recevoir des ambassades
de la part des rois étrangers! M. de Voltaire
sera-t-il vexé!.. Il n'a été qu'à Berlin, lui... mais
moi, je ne travaillerai pas pour le roi de Prusse!
(*Regardant à gauche.*) Ah! voici le noble pléni-
potentiaire.

* * *

SCÈNE VI.

POINSINET, LE MARQUIS, LE BARON, DEUX
LAQUAIS, DEUX ENVOYÉS DU GROENLAND.

(*Le baron, précédé des deux laquais et de ses
gens, entre par la gauche; il est vêtu burles-
quement avec une dalmatique et un bonnet à
fourrures bariolées. — Laquais en espèces de
Laponais.*)

CHŒUR.

Air de *Candide*. (4e acte.)

Honneur
A l'ambassadeur

---

* P. le marq.
** Le marq. P.

Que l'Atlantique aujourd'hui nous envoie.
Remplis d'espérance et de joie,
Formons des vœux en son honneur.

LE MARQUIS[*], *faisant la présentation*. Son Excellence l'ambassadeur du Groënland.

POINSINET. Oh! quel beau costume!

LE MARQUIS, *au baron*. Le sieur de Poinsinet!
(*Poinsinet se confond en révérences. Le baron
les lui rend d'une manière solennelle et bizarre
et finit par lui donner noblement un coup de pied
dans l'estomac en élevant la jambe gauche et le
bras droit en même temps.*)

POINSINET, *reculant*. Eh ben!.. qu'est-ce que
c'est que ces manières-là?

LE MARQUIS. C'est l'usage du pays!.. La plus
grande politesse qu'il puisse vous faire!

POINSINET. Alors, je dois la lui rendre! (*Il va
pour lui lancer un coup de pied, le baron lui
saisit la jambe, la secoue et Poinsinet a grand'-
peine à se tenir en équilibre.*) Est-ce que c'est
leur manière de se donner la main?

LE MARQUIS. Précisément... (*Le baron prend
des mains d'un des envoyés une pique au bout de
laquelle est un morceau de peau blanche et la
pousse droit au nez de Poinsinet.*)

POINSINET. Qu'est-ce que c'est que ça?

LE MARQUIS. La lettre que son souverain vous
adresse.

POINSINET. A moi... quel honneur!.. C'est le
papier de ces climats? on dirait une peau de
buffle?

LE MARQUIS. Oui, la peau d'un animal, l'an-
carok?

POINSINET. Dans ce pays-là les gens de lettres
font usage des cuirs?.. Voyons le style de sa
majesté. (*Il lit.*) *Va mass quer grand scrifagner.*

LE MARQUIS. Comme c'est flatteur!..

POINSINET. Pas à l'oreille toujours!..

LE BARON, *à Poinsinet*. *Lennit goustat, lennit
goustat.*

LE MARQUIS, *à Poinsinet*. Il vous dit: lisez doucement!

POINSINET. *Plijadour au trou... va Roüontelez?*

LE MARQUIS, *traduisant*. J'aurai grand plaisir à
vous recevoir dans mon royaume...

POINSINET. *Au trou*, son royaume?

LE MARQUIS. *Au trou*, c'est Monsieur!

POINSINET. Je trouve *autrou* peu civil.

LE BARON. *Petra a livirit-hu?*

POINSINET. Comment, *petra?*

LE MARQUIS. Répondez-lui ferme: *entent a rit-
hu argallec?*

POINSINET, *au baron*. *Entent a rit-hu*, arbalète?

LE BARON, *vivement*. Si je parle français, Monsieur? comme si je n'avais fait que cela toute ma
vie!

---

* Le bar. le marq. P.

POINSINET, *tout joyeux.* Il a compris... *Entent a rit-lui !..* Je sais donc le groënlandais ? c'est étonnant la facilité que j'ai pour les langues étrangères!.. (*Au baron.*) Ah çà ! quel est l'emploi que me destine votre gracieux maître ?

LE BARON. Pour cet emploi il faudrait renoncer à votre amour pour la vicomtesse Cidalise...

POINSINET. Ah!.. il n'y a pas moyen. La malheureuse serait capable de se jeter du haut des tours Notre-Dame.

LE MARQUIS. Ta, ta, ta... (*Avec mystère.*) Si je vous prouvais son inconstance? consentiriez-vous à devenir prince royal?..

POINSINET. Prince royal!.. il serait possible?..

LE MARQUIS. Tout vous est possible... Laissez-moi en conférer avec Son Excellence... et allez au jardin... composer un compliment en vers pour un prince qui désire vous être présenté. (*Il passe près du baron auquel il parle bas.*)

POINSINET [*]. Un compliment... je lui en ferai d'aussi beaux que Moliere à Louis XIV... ce *prétendu* grand roi !..

ENSEMBLE.

Air des *Associés.*

POINSINET.

Je vais composer
Des compliments adorables,
Mes vers admirables
A la cour vont me poser.

LE MARQUIS, LE BARON ET LES AUTRES.

Allez composer
Des compliments adorables,
Vos vers admirables
A la cour vont vous poser.

(*Poinsinet sort par la gauche suivi des envoyés. Les laquais sortent par la droite.*)

SCÈNE VII.

LE BARON, LE MARQUIS.

LE MARQUIS, *riant* [**]. Ah! ah! la bonne dupe !

LE BARON, *de même.* Ah! grand Dieu! que les gens d'esprit sont bêtes !

LE MARQUIS. Vous voyez qu'il donne à plein collier dans tous nos piéges.

LE BARON. Mais enfin quel est votre projet, que prétendez-vous faire ?

LE MARQUIS. Vous connaissez la manie du roi Stanislas de Pologne pour les nains? Les bouffons et les nains ont toujours fait fortune chez les rois.

LE BARON. Ils se croyaient d'autant plus grands que les autres étaient petits...

Air : *Adieu, je vous fuis, bois charmant.*
Autrefois on en fabriquait !..
Les Persans avaient la recette,

[*] Le bar. le marq. P.
[**] Le marq. le bar.

Tout jeunes on les comprimait
Dans une espèce de cassette.
Maintenant, parmi les humains,
Le grand homme est rare au contraire,
Et chez nous on voit tant de nains
Que l'on n'a plus besoin d'en faire.

LE MARQUIS. Enfin, mon oncle, j'ai été chargé d'en envoyer un au roi Stanislas : le fameux *Bébé,* qu'on a surnommé *Colibri,* parce qu il a le goût de se faire porter dans une cage... Vous connaissez les trappes et les surprises de cette ancienne petite maison... Eh bien! regardez! (*Il remonte ainsi que le baron, et frappe deux coups dans sa main. — Musique.*)

SCÈNE VIII.

LES MÊMES, LE PRINCE ET LA PRINCESSE.

(*D'une corbeille placée sur la console de droite et dont les fleurs s'entr'ouvrent, sort la princesse Colibri, et d'une potiche posée sur celle de gauche, sort le prince Colibri.*)

LE PRINCE [*]. Bonjour, Messieurs, Medames.

LA PRINCESSE. Votre servante, Messieurs.

LE BARON. Qu'est-ce que cela ?

LE MARQUIS. J'ai l'honneur de vous présenter la future épouse du célèbre Poinsinet. (*Le baron la salue : elle lui fait une révérence.*) Et le futur mari de votre inhumaine Cidalise.

LE BARON, *passant près du prince et le saluant.*) Allons donc?.. (*Le prince lui rend son salut.*)

LE MARQUIS [**]. Mes petits amis, vous avez entendu?..

LES DEUX NAINS. Oui.

LE MARQUIS. Et vous avez compris?

LES DEUX NAINS. Tout.

LE BARON, *parlant du prince.* Il a l'air malin.

LE PRINCE. J'ai plus d'esprit que je ne suis gros.

LE MARQUIS. Je puis compter sur vous. ?

LA PRINCESSE. Parfaitement.

LE BARON, *regardant à droite* [***]. Eh! mais, on vient... c'est Cidalise...

LE MARQUIS. Qui rêve au grand prince qu'elle espere... (*Regardant à gauche.*) Et là-bas Poinsinet...

LE BARON. Tout épris de sa grande faveur.

LE MARQUIS. Ils vont se rencontrer, laissons-les ensemble.

Air des *Premières armes de Richelieu.*

Retirons-nous.
LE BARON.
Retirons-nous,

[*] Le pr. le marq. le bar. la princ.
[**] Le pr. le bar. le marq. la princ.
[***] Le pr. le marq. le bar. la princ.

LE MARQUIS, *aux nains.*
Et quant à vous,
LE BARON.
Et quant à vous,
LE MARQUIS.
Secondez-nous.
LE BARON.
Secondez-nous.
LE MARQUIS.
Entendez-vous ?
LE MARQUIS ET LE BARON.
Rentrez chez vous.

(Le marquis frappe un coup dans la main. Les nains disparaissent comme ils sont entrés dans la potiche et dans la corbeille. Le baron et le marquis sortent par l'alcôve, au fond.)

SCÈNE IX.

POINSINET, ensuite CIDALISE.

POINSINET, *entrant par la gauche, et déclamant, un papier à la main, d'un air inspiré :*

« Grand roi des Esquimaux, prince de Boukhankhan,
« O monarque adoré de tout le Groënland,
« Permets à l'humble esclave... »

CIDALISE, *qui vient d'entrer par la droite, voyant Poinsinet*. Que vois-je ?..

POINSINET. Oh! mon étoile polaire !

« Mon cœur a donc trouvé sur la carte du Tendre
« Les lieux si fortunés où mon cœur devait rendre. »

CIDALISE. Toujours des flots de poésie !.. Je vous en inspire donc toujours ?..

POINSINET. En douteriez-vous, ô ma Médée ?...

CIDALISE. Non, mon *Jason!*.. Et cependant, mon beau poète, si la destinée en avait ordonné autrement... car les destins ont des hauts et des bas.

POINSINET. Que dites-vous, Madame ?..

« De ces lèvres de rose, il sort donc des orages! »

CIDALISE. Hélas ! pauvre jeune fille, vous le savez... je suis un faible roseau... mon tuteur est un vieux chêne... et si le commandeur voulait me commander...

POINSINET. Oh! qu'il n'espère pas nous désunir !..

Air : *Connaissez-vous dans Barcelonne.*

Vous, ma pierre philosophale,
Vous m'êtes apparue un jour
Comme une flamme du Bengale,
Comme une aurore boréale,
Comme nous apparaît l'amour !
Vous êtes ma dixième muse,
Vous inspirez mes chants divers,
Et ma lyre dont on s'amuse
Serait moins qu'une cornemuse,
Si, pour charmer tout l'univers,

* P. C.

Vous ne m'aviez soufflé des vers.
Je vous dois mon nom de poète,
Je suis un Pétrarque nouveau,
Soyez ma Laure... ou, plus coquette,
Voulez-vous être Juliette ?
Je serai votre Roméo.
(Il veut lui prendre la taille, elle passe à gauche.)*
Il faut que je t'immortalise,
Dans ce siècle qui nous connaît
Et que la postérité lise
Le nom charmant de Cidalise
Pour qui le tendre Poinsinet
Ne resta jamais sans sonnet !..

ENSEMBLE

POINSINET.
Vous, ma pierre philosophale, etc.
CIDALISE, *à part.*
Cette tendresse sans égale
Ne peut me conduire à la cour.
Aussi, comme un feu de Bengale,
Comme une aurore boréale,
Je vais disparaître en ce jour,
Et me ravir à son amour.

(A la fin de cet ensemble, Poinsinet tombe aux genoux de Cidalise.)

CIDALISE, *à part.* Allons, il faut lui briser le cœur... (*Haut*) Cher Poinsinet, on violente mon âme... (*Poinsinet se relève.*) Le puissant prince d'Hénain est celui qu'on me destine... et je suis à bout de ressources pour le refuser.

POINSINET.
« Qu'il tremble, ce rival ! je puis pour vos beaux yeux
« Faire la guerre, au prince ! aux rois. . et même aux
[Dieux !... »

CIDALISE. Aux dieux !.. ah! dieux!.. adieu !...
(*Elle remonte.*)

POINSINET, *surpris.* Vous me quittez... vous rompez avec moi ?

CIDALISE. Hélas! il faut que j'obéisse à mon tuteur. (*Elle sort par la gauche.*)

POINSINET, *la voyant s'éloigner.* Infortunée !.. elle en mourra, mais j'aurai vingt mille écus et la main d'une princesse groënlandaise..... ma foi, j'aime autant cela.

SCÈNE X.

POINSINET, LE BARON, LE MARQUIS, UN VICOMTE, UNE BARONNE, UNE DUCHESSE, UN ABBÉ, DES LAQUAIS, *puis* LE PRINCE.
(Le marquis, le baron et les seigneurs et dames entrent par la droite, les laquais par la gauche. Un des laquais porte un flambeau allumé qu'il pose sur la petite console à gauche de l'alcôve.)

CHOEUR.
Air de *Polka.*

Accourons au festin qui s'apprête,
C'est un jour de bonheur et de fête

Nous chantons la gloire d'un poète,
Célébrons à jamais
Ses
Succès.

POINSINET, *à part* [*]. Tous les personnages du *Cercle*... et ils chantent mes louanges... sont-ils bêtes!

LE MARQUIS. Et maintenant, veuillez faire place au festin qui va sortir de terre tout servi... Je n'ai qu'à frapper du pied. (*Il frappe une fois; une table servie et éclairée brillamment sort du dessous. Musique.*)

POINSINET. Eh! vive Dieu! on se croirait à l'Opéra!

LE MARQUIS. Oh! ma petite maison est machinée à merveille... et ce n'est rien encore... vous verrez, vous verrez... A table, mes amis...

REPRISE DU CHŒUR.

Accourons au festin, etc.
(*Pendant cette reprise, les laquais ont disposé des siéges et l'on se place à table.*)

LE MARQUIS [**]. Mais je ne vois pas la belle Cidalise.

POINSINET. Vous ne la verrez pas.

TOUS. Pourquoi?..

POINSINET. Je la quitte; son tuteur s'oppose à son mariage avec moi, mais mordieu! je ne la *lairrai* point sacrifier.

LE BARON, *à mi-voix.* Au contraire... c'est parfait pour vous.

POINSINET. Mais je crains tout de son désespoir!..

LE MARQUIS. Comment, cette pauvre vicomtesse?..

POINSINET, *avec dédain.* C'est un prince que son tuteur lui impose... et vous concevez, s'il me tombe sous la main, je suis obligé de le tuer...

TOUS, *se récriant.* Oh!..

POINSINET. Je le lui ai promis.

LE BARON. Prenez garde!

LE MARQUIS. Il vous entend peut-être!

TOUS. Chut!

POINSINET. Hein? ça m'est égal... je voudrais qu'il fût là... je n'en ferais qu'une bouchée! (*Musique. — Le prince sort d'un pâté qui est au milieu de la table. — Surprise. — On se leve.*)

TOUS. Ah!

LE PRINCE. C'est ce que nous verrons!

LE MARQUIS. Son Altesse le prince d'Hénain.

POINSINET. Ça..... c'est plutôt le nain des princes!

LE PRINCE, *dit en anglais:* Vous êtes un insolent!

POINSINET. Hein?.. (*Le prince répète sa phrase. — Passant près du marquis.*) Qu'est-ce qu'il dit? il demande sa nourrice?.. (*On descend le prince, qui se met à se promener sur l'avant-scène. — La table disparaît.*)

LE MARQUIS [*]. Il dit que vous lui manquez de respect.

POINSINET. Mais, enfin... on veut donc lui faire faire un mariage au berceau, c'est immoral!

LE BARON. C'est l'usage des grandes familles.

POINSINET. Ça n'a pas le sens commun... marier ce bambin!

LE PRINCE, *fièrement.* Monsieur, j'ai vingt-deux ans.

LE MARQUIS. Mon cher Poinsinet, pour l'apaiser, dites-lui votre compliment en vers... il y va de ma faveur!

POINSINET. Mais je ne m'attendais pas à voir un mirmidon pareil... J'ai fait des vers immenses... ça n'ira plus.

LE BARON. Les flatteries vont toujours aux princes.

POINSINET, *passant près du prince* [**]. Allons...

Grand prince, ta grandeur des plus phénoménales
Surpasse les géans des antiques annales;
(*Le prince pousse un éclat de rire.*)
Tu me parais si grand, si grand en ce moment,
Que ton front semble atteindre au haut du firmament,
Qu'il faut pour te parler que je lève la tête!

(*Le prince rit de plus belle.*)

(*Au marquis.*) Ça ne va pas!

LE PRINCE, *fait noblement des gestes de protection et dit en anglais:* Je reçois avec plaisir le bavardage que vous me débitez...

LE MARQUIS, *à Poinsinet.* C'est de l'anglais... il a trois ou quatre langues.

POINSINET. Dans une si petite bouche!.. (*Il lui présente la main.*) Grand prince, veuillez accepter ma main et renoncer à celle de la vicomtesse!..

LE PRINCE. *Newer, newer, mylord!*

POINSINET. Hein?

LE MARQUIS. Il dit jamais, jamais!.. et...

(*Le prince se met dans une grande colère en anglais et traverse le théâtre en parlant vivement.*)

LE MARQUIS, *à Poinsinet* [***]. Et que si désormais, un seul de vos regards tombe sur Cidalise, il tombera sur vous!

POINSINET. Oh! oh! cette menace ne me paraît pas d'un grand poids.

---

[*] P. le marq. le bar.
[**] P. l'Abbé, une bar. le bar. une duch. un vicomte, le marq.

[*] Le pr. le bar. P. le marq.
[**] Le pr. P. le marq. le bar.
[***] Le bar. P. le marq. le pr.

(Le prince le menace, dit qu'il se moque de lui et le traite de pickwick !)

POINSINET, *au marquis :* Traduisez?

LE MARQUIS, *riant.* Il dit qu'avec votre génie vous n'êtes qu'une bête...

LE BARON. Qu'un imbécile!

POINSINET. Vous êtes sûr que c'est la traduction littérale?. *(Avec colère.)* Dis donc, Principion. je m'en vais t'arranger.. *(Furieux, il veut se jeter sur lui, on se précipite pour le retenir et on le fait passer à gauche.)*

LE PRINCE, *s'arrête fièrement et lui dit en anglais* [*]*:* Menacer mon altesse... tu seras pendu! *(Il fait le geste des tyrans de mélodrame et sort fièrement par la droite, suivi des seigneurs, des dames et des laquais qui ont fait un geste d'effroi à ses paroles.)*

SCÈNE XI.

LE MARQUIS, POINSINET, LE BARON.

LE MARQUIS ET LE BARON, *avec exclamation en traversant le théâtre.* Grands dieux ! ah ! malheureux Poinsinet!

POINSINET [**]. Qu'avez-vous ?... qu'est-ce qui m'arrive donc?

LE MARQUIS, *avec intérêt.* Ah! mon ami, vous êtes mort!..

POINSINET. Moi ?

LE BARON. Et enterré!..

POINSINET. Pas encore...

LE MARQUIS. Vous allez être arrêté, mis à la Bastille, vous êtes perdu !..

LE BARON. Vous êtes pendu!.. *(Pleurant.)* malheureux Poinsinet!..

LE MARQUIS. Si jeune !

LE BARON. Si beau !

TOUS LES DEUX. A la fleur de son âge!

POINSINET, *crie en pleurant.* Mais au lieu de me pleurer, sauvez-moi.., sauvez-moi donc!

LE BARON. C'est votre maudit amour pour cette Cidalise.

LE MARQUIS, *vivement et frappé.* Ah! quelle idée! renoncez à elle!.. à son dédit !

LE BARON. Oui, c'est cela!

LE MARQUIS. L'amour vous a perdu, le mariage vous sauvera!

LE BARON. Ah! j'y suis... sauvé!

LE MARQUIS. Sauvé !

TOUS LES TROIS. Sauvé! *(Le baron et le marquis s'embrassent au-dessus de la tête de Poinsinet qui s'est jeté à genoux.)*

POINSINET. Mais dites-moi donc comment ?

LE BARON. Je vous mets sous la protection du

[*] P. le bar. le marq. le pr.

[**] Le marq. P. le bar.

Groënland. Vous allez épouser la princesse Aurora Boréa !

POINSINET *se relevant.* Bah! qui est celle-là?

LE BARON. Qui elle est? fille du magnifique Bou-Khan-Khan.

POINSINET. Allons donc?.. mais je ne la connais pas...

LE MARQUIS. Qu'importe!.. vous l'avez charmée... elle vous a vu !

POINSINET, *flatté.* Ah! et l'infortunée est dans tous ses états?

LE BARON. Non, elle est ici!..

LE MARQUIS. Vous concevez... gendre d'un puissant monarque... on ne peut plus toucher à un cheveu de votre tête !

POINSINET. Parbleu ! ou bien nous rappelons notre ambassadeur !.. et voilà une guerre avec les Esquimaux !

LE BARON. Au lieu de cela, je fais votre gloire, je vous mets sur les marches du trône.

LE MARQUIS. Une fois marié, vous passez dans les têtes couronnées.

POINSINET, *passant à droite* [*]. Diable! ça m'irait mieux que la Bastille !.. *(Allant retenir le baron qui va pour sortir à gauche.)* Mais je ne suis pas sûr d'être décidé.)

LE MARQUIS, *avec chaleur.* Songez au péril que vous courez...

LE BARON, *montrant la gauche.* Songez qu'elle est là... elle vous voit, elle vous entend, son cœur bat de crainte et d'espérance...

LE MARQUIS, *se mettant à genoux.* Grand homme !..

LE BARON, *de même.* Grand Poinsinet!..

LE MARQUIS. Consentez au bonheur de la belle Aurora.

LE BARON ET LE MARQUIS. Et laissez-vous toucher.

POINSINET, *frappé par eux.* Je suis touché! je suis touché! *(Le baron sort un instant par la gauche.)*

SCÈNE XII.

LE MARQUIS, POINSINET, *puis* LE BARON; LA PRINCESSE, LES DEUX ENVOYÉS DU GROENLAND, TROIS FEMMES SAUVAGES; *deux d'entre elles tiennent à hauteur d'homme un grand voile derrière lequel est cachée la princesse; la troisième porte un riche coussin sur lequel sont un petit fouet et un anneau.*

LE MARQUIS.

Air : *Oh! baï! baï! bu!* (*Foire aux idées.*)
La princesse s'avance :

[*] Le bar. le marq. le pr.

[**] Le bar. P. le marq.

[***] Le marq. P.

Qu'une douce alliance
Unisse sa puissance
A votre nom fameux !

POINSINET.

Quelle métamorphose !
Quoi, tout change à mes yeux !

LE MARQUIS.

Le but qu'on se propose
Est de vous rendre heureux.
Oui, la jeune princesse fait
Des miracles pour Poinsinet.
Tenez, vous pouvez voir là-bas
Le cortége qui suit ses pas.

*(Les laquais et les Groënlandais entrent les pre-
miers et se rangent au fond, à droite ; puis la
femme portant le coussin qui se place au milieu,
et ensuite le baron suivi de la princesse et des
deux autres femmes, qui se placent à gauche.)*

POINSINET, *passant à gauche*[*].

Quoi ! des femmes sauvages !
Ma belle, je le vois,
Doit être des plus sages...

LE MARQUIS.

Vous serez à la fois
Heureux et fier d'être mari ;
Mais elle s'approche d'ici...

POINSINET,

Comme mon cœur bat !

LE MARQUIS.

La voici !

CHŒUR.

Koi caracatakoi, caracatakoi,
koi, koi,
Koi caracatakoi, caratacaku,
ko ku.

POINSINET, *au marquis.*

Quel est ce mot, qu'ai-je entendu ?
Que veut dire caracoku ?

LE MARQUIS.

Ce mot sauvage est très-connu.

POINSINET.

Mais en France il est incongru.

(Parlant sur le chœur.) Je le changerai quand
je serai prince.

REPRISE DU CHŒUR.

Koi caracara koi, etc.

POINSINET. Mais pourquoi cette cloison entre ma
fiancée et moi ?

LE MARQUIS. Ne vous étonnez pas encore.

LE BARON. Procédons à la cérémonie... (*Montrant le coussin à Poinsinet.*) Choisissez de cet
anneau de fiançailles ou de ce fouet.

POINSINET. Je ne veux pas avoir le fouet le
jour de mon mariage. Je prends l'anneau.

[*] La pr. le bar. P. le marq.

LE BARON, *le lui remettant.* Je vais donc donner le fouet à la princesse. (*La femme qui porte
le coussin passe derrière le voile et remet le fouet
à la princesse.*)

POINSINET. Ah! grâce pour elle!

LE BARON. Non, le lui remettre comme le sceptre
du ménage. (*Pantomime. Cérémonie imitée du
Russe et des Lapons. L'époux s'approche et
s'agenouille. Pendant ce temps, le baron bat le
briquet en disant :*) O jeunes fiancés, que ce
briquet soit l'emblème de votre amour, et que
toujours il en reste des étincelles. Au nom du
roi, mon maître, vous êtes unis. (*Les femmes
élèvent le voile d'étoffe en guise de poêle et dé-
couvrent la princesse.*)

LE BARON. Voici votre noble épouse.

POINSINET, *se relevant*[*]. Dieu! qu'elle est petite!.. Mais il lui faudra une échelle pour embras-
ser son mari.

LA PRINCESSE, *en anglais. Com here, my dear!*
(*Elle lui sourit et lui fait signe de venir à elle.*)

POINSINET. Oh! Dieu! elle me fait un petit signe
avec le petit doigt de sa petite main, (*La princesse approche la figure.*) et elle approche sa petite figure... Ah! c'est pour que je l'embrasse !

LE MARQUIS, *le retenant.* Oh! gardez-vous-en
bien !..

LE BARON, *lui repoussant la tête.* Dans ce pays-
là, pour se prouver qu'on s'aime, on se frotte ..
ceci. (*Il montre son nez.*)

LE MARQUIS. Réciproquement.

POINSINET. Comment!... les tête-à-tête sont
donc des nez-à-nez?

LE BARON. Précisément.

POINSINET, *s'agenouillant.* Quel drôle de pays!
(*A la princesse.*) Princesse... (*Ils se frottent le
nez.*) Ah! ça chatouille. (*Éternuant.*) Atchi !

LE BARON. Ciel! qu'avez-vous fait?

POINSINET. Je viens de faire ma déclaration.
(*La princesse dit quelques mots en anglais avec
une grande colère et court après Poinsinet en lui
donnant des coups de fouet*[**].) Comment! elle
me frappe!.. Eh ben!.. eh ben!..

LE BARON. Elle en a le droit, vous avez choisi
l'anneau.

POINSINET. Il fallait donc me prévenir. (*La
princesse le frappe de nouveau.*) Oh! là! là!

LE BARON, *prenant la princesse par la main.*
C'est une conclusion conjugale!.. et les autres
vont suivre... Que la princesse s'éloigne avec les
dames d'honneur... son époux l'attendra ici...
dans la chambre nuptiale. (*Le marquis a passé
près de Poinsinet.*)

POINSINET. Ici?.. ça m'est égal... je dors par-
tout... et j'ai besoin de repos.

[*] Le bar. la pr. P. le marq.
[**] P. la pr. le bar. le marq.

LE MARQUIS[*].

Air de la *Dame du second*.

Bonne nuit (*bis*).
Tout vous favorise.
Bonne nuit (*bis*).

(*Indiquant les rideaux du fond.*)

Ici près est votre lit,
Couchez-vous en attendant
Qu'on vous la conduise.

POINSINET.

Le premier?

LE MARQUIS.

Certainement.

POINSINET, *à part*.

C'est du Groënland!..

TOUS.

Bonne nuit (*bis*).
Tout vous favorise.
Bonne nuit (*bis*).
L'amour déjà vous sourit.

(*La princesse sort par la gauche avec les femmes
et les envoyés.*)

LE MARQUIS, *bas au baron*[**].

Tout seconde nos desseins.

LE BARON, *bas*.

Tout nous favorise.

LE MARQUIS, *bas*.

Maintenant, à Cidalise !..

LE BARON, *bas*.

Au prince des nains !

REPRISE.

Bonne nuit, etc.

(*Le marquis et le baron sortent par la droite.*)

***

SCÈNE XIII.

POINSINET, *puis* LE PRINCE.

POINSINET, *seul, retirant son habit*. A présent
que je suis seul, je puis dire ma façon de penser
sur mon épouse... Je la trouve peu proportionnée
à mon physique... elle est bien formée... potelée,
rondelette, mais c'est une vraie nabotte !.. j'aurais
mieux fait, je crois, d'épouser Cidalise?.. nous étions
plus en rapport... (*Musique. — Ici on aperçoit le
petit prince qui sort de derrière les rideaux de
l'alcôve et qui fait un signe de menace à Poinsinet*[***].) Après ça, si elle est petite... il paraît que
sa richesse est colossale... c'est une pygmée avec
une fortune *titanesque* !.. et mon destin va
briller d'un jour nouveau !.. (*Le prince prend le
flambeau sur la console et le souffle. Le théâtre
se trouve dans l'obscurité.*) Bon ! me voilà dans la
nuit... le vent qui a éteint la bougie?.. Où vais-

[*] P. le marq. la pr. le bar.
[**] P. le marq. le bar.
[***] Le pr. P.

je mettre mon habit?.. (*Il tâtonne et vient heurter
un fauteuil à gauche.*)

LE PRINCE, *au fond*[*]. Qu'il est nigaud ! qu'il est
nigaud !

POINSINET, *assis, tournant le dos au public
pour quitter sa culotte*. Hein ! qu'est-ce qu'on a
dit ?

LE PRINCE. Nigaud !.. nigaud !

POINSINET. Ah ! c'est le perroquet de la vicomtesse... Veux-tu te taire, Jacquot !.. Qu'ai-je donc là
dans la poche de mon haut-de-chausse?.. ah ! je sais,
le dédit de la vicomtesse... (*Il pose sa culotte sur le
fauteuil et paraît en caleçon blanc ; puis il passe
à droite et va mettre son bonnet de nuit*[**]. *Pendant ce temps, le petit prince descend doucement
la scène, vient prendre la culotte de Poinsinet sur
le fauteuil, en met une des siennes à la place, et
se retire à pas de loup par l'alcôve. Fin de la
musique.*)

POINSINET, *seul*. Là, maintenant, je vais m'é-
tendre dans un bon lit... (*Il écarte les rideaux,
on voit sur une petite table de nuit un petit flambeau qui éclaire un lit d'enfant. A côté du lit
est un petit fauteuil.*) Qu'est-ce que c'est que
ça?.. une barcelonnette?.. c'est le lit de mon
extrait de femme !.. je serai très-mal là dedans...
j'ai beau essayer... et ils appellent ça une chambre nuptiale... j'en aurai une autre... il serait
tout à fait impossible d'avoir des enfants du premier lit !

CIDALISE, *criant en dehors, à droite*. Ah !
quelle horreur !.. au secours !..

POINSINET, *effrayé*. Cidalise?.. (*Cidalise frappe.*)
On n'entre pas !..

CIDALISE, *au dehors*. Ouvrez-moi, de grâce !..

POINSINET. Mais, je suis couché...

CIDALISE, *frappant plus fort*. Ça m'est égal...
ouvrez-moi toujours !

POINSINET. Attendez que je mette mon haut-de-
chausse ! (*Il trouve la petite culotte du prince
à la place de la sienne.*) Ah ! mon Dieu ! est-ce
que j'ai grossi?.. ça ne me va pas !.. je crois
bien, ce n'est pas une paire de culottes, c'est
une paire de gants. (*Il la remet sur le fauteuil.*)

CIDALISE, *suppliant*. Poinsinet !.. si vous êtes
un homme, sauvez-moi !

POINSINET, *mettant un pet-en-l'air*. Je vais vous
montrer que j'en suis un... je vais la sauver en
pet-en-l'air. (*Il court ôter le verrou de la porte
de droite.*)

***

SCÈNE XIV.

POINSINET, CIDALISE, *en peignoir de nuit ri-
dicule et avec une lumière.—Jour à la rampe.*

[*] P. le pr.
[**] Le pr. P.

CIDALISE, *entrant et allant tomber sur un siége à gauche*[*]. Merci!.. merci!.. ah! quelle horreur!

POINSINET, *lui prenant le bougeoir des mains.* Qu'elle est belle ainsi!

CIDALISE. Que vous êtes laid comme ça!

POINSINET. Excusez mon négligé... Que vous arrive-t-il donc?

CIDALISE, *se levant.* Tout à l'heure, le marquis et un notaire, au nom de mon tuteur, m'ont présenté un prétendu!..

POINSINET. Le prince d'Hénain!

CIDALISE. Jugez de mon indignation!.. quel est ce jeune je ne sais quoi? leur fais-je! Madame, c'est votre époux... il vous appartient... arrangez-vous... Comment voulez-vous que je m'arrange? Ils avaient disparu en m'enfermant... j'allais baigner mon oreiller de larmes... tout à coup, j'en frémis encore... je crus qu'Azor allait se coucher à mes pieds...

POINSINET. Votre chat angora?

CIDALISE. C'était ce simulacre d'époux.

POINSINET. Ah! le drôle! (*Il va porter le bougeoir au fond à gauche, sur la console.*)

CIDALISE, pleurant.

Air connu.

Mon tuteur me donne un mari,
    Dieu! quel homme!
    Quel petit homme!
Mon tuteur me donne un mari,
    Dieu! quel homme!
    Qu'il est petit!
  On m'a fiancée avec lui.
Sans m'avertir, vaille que vaille!..
Mais lorsque j'ai vu ce mari,
En frémissant, rien qu'à sa taille,
Je l'ai fui comme un rien qui vaille!

POINSINET.

Je viens de prendre femme aussi,
    Dieu, Madame
    Quel brin de femme!
Pour nous séparer aujourd'hui
D'une naine on m'a fait mari.

ENSEMBLE.

C'est donc un complot inouï?,.
Mais cet hymen je le repousse!

POINSINET.

Ma femme a deux pieds et demi.

CIDALISE.

Et mon homme deux pieds un pouce.

TOUS DEUX.

Un mari de deux pieds un pouce!..

TOUS DEUX.

Fuyons tous deux, femme et mari..

POINSINET.

Vous êtes femme, je suis homme.

CIDALISE.

Je suis femme, vous êtes homme...

TOUS DEUX.

Fuyons tous deux, femme et mari,
Et bien vite, fuyons d'ici!

CIDALISE, *courant après Poinsinet, qui fait le tour de l'appartement.* Oh! oui... oh! oui, enlevez-moi tout de suite!..

POINSINET[*], *appelant.* Holà! Comtois? Jasmin!

UNE VOIX, *en dehors.* Que voulez-vous, Monsieur?

POINSINET. Une voiture avec des chevaux, comme s'il en pleuvait!

LE PRINCE, *dans la cage qui est couverte.* Sont-ils bêtas! sont-ils bêtas!

TOUS DEUX. Comment?

COLIBRI. Bêtas! bêtas!

POINSINET. Encore votre méchant Jacquot! (*Il va découvrir la cage.*)

CIDALISE, *regardant.* Dieux! c'est mon mari, je vais lui tordre le cou! (*Elle va à la cage.*)

POINSINET[*], *passant à gauche.* Et moi, je vais lui clore le bec! (*Le prince riant aux éclats disparaît en passant dans l'intérieur de la table qui est masquée par un tapis. — Musique. — Bruit de chevaux et roulement de voiture.*)

LE MARQUIS, *en dehors.* Par exemple! une fuite?.. Holà! nos gens, des flambeaux.

POINSINET ET CIDALISE. Nous sommes découverts!

CIDALISE. Ils vont vous surprendre... et ce désordre... je suis déshonorée!.. compromise!

POINSINET. Soyez tranquilles... je vais sauver les apparences et remettre ma... (*Il va pour sortir à gauche et est arrêté par le baron. — En même temps le marquis entre par la droite.*)

<center>~~~~~~</center>

SCÈNE XV.

LES MÊMES, LE BARON, LE MARQUIS.

LE MARQUIS, *à Cidalise*[**]. Que signifie, Madame! fuir le domicile conjugal et fuir votre mari!..

CIDALISE, *furieuse.* Mon mari!.. mon mari!..je demande le divorce!

POINSINET. Oui, Messieurs, vous avez voulu séparer deux cœurs fidèles... mais l'amour nous a rapprochés... faites-moi place, que j'enlève Madame dans la voiture que j'attends!

LE MARQUIS, *riant.* C'est ce que nous verrons. (*Il remonte vers la porte de gauche.*)

LE BARON, *le prenant par la main et le faisant descendre à gauche.*) Et la fille de mon roi!..

LE MARQUIS, *amenant la petite princesse qui*

[*] C. P.

[**] Le bar. P. C. le marq.

*entre par la gauche *.)* Votre femme, malheureux ! *(Il passe à droite.)*

POINSINET. Dieu !

~~~~~~~~~~~~~~~~~~~~~~~~~~~~~~~~~~~~

SCÈNE XVI.

LES MÊMES, LA PETITE PRINCESSE.

LA PRINCESSE, *voyant Cidalise.* Ah ! la voilà !.. *(Furieuse, elle fait une scène en charabia allemand à Cidalise.)*

CIDALISE, *en colère et l'imitant. Cha chi choff noff !..* ça n'est pas vrai, Mademoiselle.

UN LAQUAIS, *ouvrant la porte du fond, à gauche, et annonçant* **. La voiture que Monsieur a demandée !..

POINSINET, *allant à Cidalise.* Ah ! venez, ma belle, entrez-y tout de suite.

LE MARQUIS, *montrant au fond la petite voiture* ***. Je vous en défie ! *(Musique à l'orchestre, s'enchaînant avec le chœur suivant.*

~~~~~~

SCÈNE XVII ET DERNIÈRE.

LES MÊMES, LE PRINCE, TOUS LES PERSONNAGES. *(Une petite voiture, avec deux chevaux, entre par la porte du fond, à gauche, fait le tour du théâtre, et s'arrête ensuite au fond. — Sur le siége un petit cocher, derrière un petit chasseur.)*

CHŒUR.

Air de *Zanetta*.

Ah ! quel petit épuipage !
Quels petits chevaux mutins !
Ouvrons un vaste passage
Au petit prince des nains.

POINSINET. C'est lui !.. est-ce qu'il viendrait me faire arrêter ?.. *(Musique à l'orchestre. Pendant ce temps, le petit chasseur ouvre la portière de la voiture. Le prince en descend, salue toute la société, puis marche fièrement à Poinsinet qu'il toise.)*

POINSINET. Mais, Dieu me damne... il me toise du haut de sa grandeur. *(Le prince fait un signe au petit chasseur qui va à la voiture et en tire deux petites épées qu'il remet au prince.)*

COLIBRI, *en anglais, jetant les épées aux pieds de Poinsinet* ****. Choisissez vos témoins ; je vous défie à l'épée, à la dague... et voici le gage du combat.... *(Il ôte son gant et le lui jette au nez.)*

* Le bar. P. la pr. le marq. C.
** Le bar. P. la pr. C. le marq.
*** La pr. le bar. P. C. le marq.
**** La pr. le bar. C. P. le pr. le marq.

— *Le petit chasseur a aussi tiré de la voiture deux petits canons et deux petits fusils, qu'il y remet sur un signe du prince.)*

LE MARQUIS, *d'un air grave, et venant ramasser les épées *.* Vous avez insulté le prince, il choisit l'épée. *(Il en remet une à Poinsinet, l'autre au prince, et repasse à droite.)*

POINSINET **. Je suis tout prêt à me mesurer avec lui.

CIDALISE, *tombant assise, à gauche.* Cher Poinsinet... je vais mourir !..

POINSINET, *se mettant en garde.* N'ayez pas peur... je suis très-fort... l'épée à hauteur des yeux de l'adversaire... Eh ben ! où est-il donc ? *(Le prince marche sur lui et lui larde les mollets.)* Ah ! ah !.. le coquin... comme il vous tire aux jambes !..

LE PRINCE ***. Une, deux !.. *(Il lui pique le mollet.)*

POINSINET. Aïe !..

CIDALISE, *épouvantée.* Du sang ! du sang !..

POINSINET. Non, c'est l'affaire du bonnetier !.. *(Il se baisse et reçoit un coup d'épée du prince dans le derrière ; après quoi celui-ci essuie gravement son épée sur sa manche et la jette loin de lui.)* Ah ! petit gueux, tu veux avoir maille à partir avec moi !.. attends, attends !.. *(Il jette son épée et saisit dans ses bras le prince, qu'il élève en l'air.)* Ah ! ah ! tu es vaincu... demande merci !

LE PRINCE, *en colère.* Naïn ! naïn !.. *(Il se débat.)*

POINSINET. Non !.. eh bien ! je vais te claquer !

LE MARQUIS, LE BARON ET LE CHŒUR.

Air du *Lac des Fées*.

Ah ! quelle fureur vous entraîne, \
Ici, n'y touchez pas.   *(bis.)* \
La France et la Lorraine \
Paîraient cher son trépas.

(Le marquis a repris le nain des mains de Poinsinet.)

POINSINET, *ébahi* ****. Comment, la Lorraine ?...

LE MARQUIS. Eh oui ! votre rival c'est Bébé, le nain du roi Stanislas... que sa petitesse a fait nommer le prince *des nains. (On rit.)*

POINSINET. Ah ! sont-ils bêtes !.. ils ont cru me mystifier !..

LE MARQUIS. Pour nous venger un peu de votre comédie du *Cercle ! (On rit.)*

POINSINET. Ah ben ! Messieurs, vous êtes bien maladroits... car je m'en doutais depuis le com-

* La pr. le bar. C. P. le marq. le pr.
** La pr. le bar. C. P. le pr. le marq.
*** La pr. le bar. C. le pr. P. le marq.
**** La pr. le bar. C. P. le marq. la pr.

mencement de votre pièce... mais ça m'est égal, je me marierai avec... (*Le marquis est remonté avec le prince; la princesse les a rejoints.*)

LE BARON. Impossible, vous seriez bigame!

POINSINET. Oh! vous, qui m'avez fait épouser la princesse groënlandaise?.. je n'ai pas donné là dedans. (*Il passe à droite près de Cidalise.*)

LE BARON, *à Cidalise* '. Madame, il avait renoncé à vous... voilà votre dédit que je vous rends... à moins que vous ne teniez à être madame Bébé.

CIDALISE, *avec dédain, passant à gauche* ''. Moi, j'épouserais plutôt je ne sais qui... baron, je vous épouse!

POINSINET. Tant mieux, j'en suis ravi... la reine d'Espagne m'attend!.. au moins, elle a la taille, celle-là... et si vous appreniez mon mariage, c'est vous qui serez mystifié!

' Le bar. C. le pr. le marq. le pr. P.

'' C. le bar. la princ. le marq. le pr. P.

LE MARQUIS. En attendant, le prince et la princesse vont ouvrir le bal de vos fiançailles. (*La voiture s'est éloignée par la gauche. — On se range. — Menuet dansé par le prince et la princesse. — Après le menuet, le petit chasseur apporte un petit fauteuil qu'il place à l'avant-scène, à droite, et une paire de bottes à l'écuyère; le prince s'assied, met ses bottes, et on lui amène un cheval de main sur lequel il monte. — Après lui avoir fait faire quelques passes, il descend et offre la main à la princesse. — Pendant tout ce temps, musique à l'orchestre.*)

CHŒUR FINAL.

Air du *Menuet.*

Honneur et gloire à ces deux jolis nains,
A ces merveilles,
Sans pareilles!
Ne sont-ils pas des prodiges humains,
Ces nains d'un prince et ces princes des nains!

FIN.